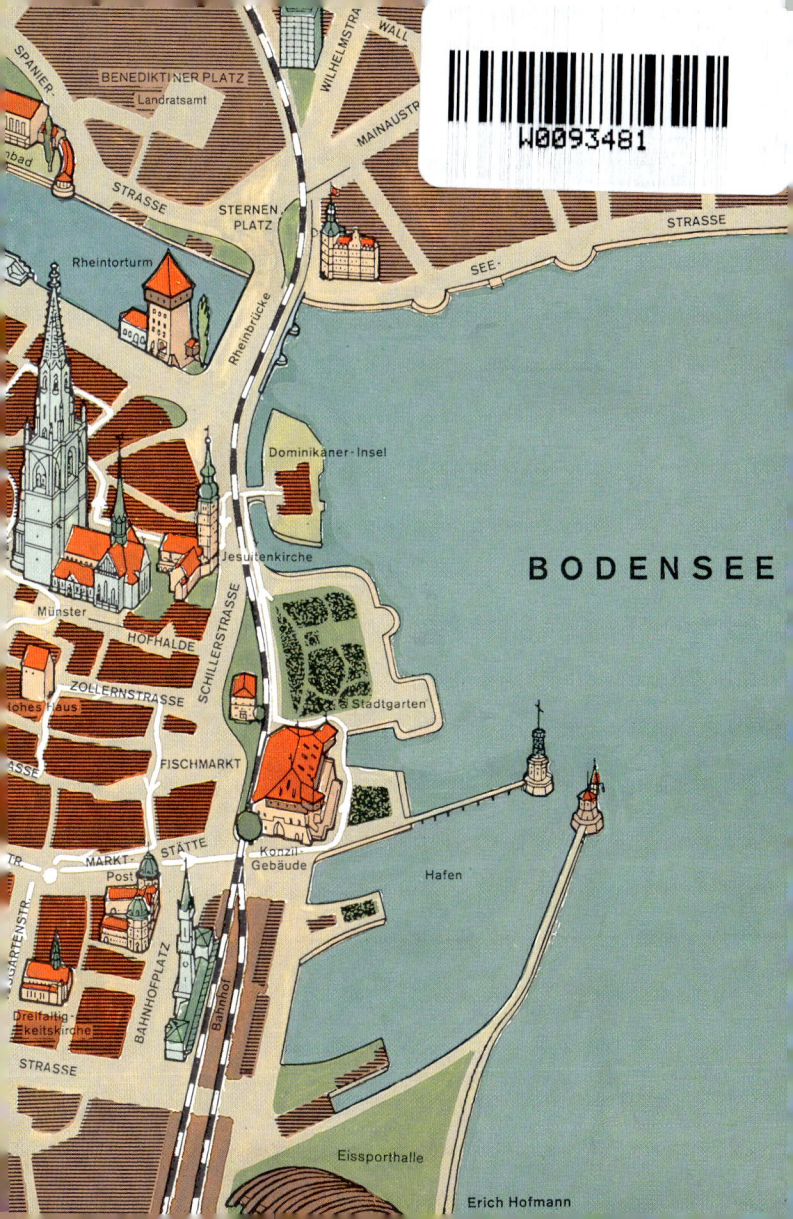

Abendstimmung am See – Stadtsilhouette

Jutta Cappel-Schad · Heinz Finke

Konstanz

Spaziergänge durch eine historische Stadt
und ihre Umgebung

Friedrich Bahn Verlag Konstanz

Der Konstanzer Hafen mit Konzilsgebäude und dem Münster im Hintergrund

Herzlich willkommen in Konstanz

Eingebettet in die unvergleichlich schöne Szenerie der Bodenseelandschaft, bietet die einstige freie Reichs- und Handelsstadt Konstanz ein besonders lohnenswertes Ziel. Die bezaubernde Lage dieser Stadt hat selbst der weitgereiste Goethe schon beredt gepriesen.

Konstanz verdankt seine Entstehung der geographischen Lage. Auf dem Hügel, auf dem sich heute das Münster erhebt, siedelten bereits seit dem ersten nachchristlichen Jahrhundert die Römer. Eine noch frühere Besiedlung des linksrheinischen Altstadtgebiets ist durch keltische Funde nachgewiesen. Vom 6. Jahrhundert bis zum Jahre 1827 war Konstanz Bischofssitz. Ihre Blüte erlebte die Reichsstadt vom 12.–15. Jahrhundert. Kaiser und Könige weilten in ihren Mauern, unter anderem während des Kirchenkonzils von 1414–1418. Die Bürgerschaft kam zu Macht und Einfluß. In prachtvollen Bauten fand dies seinen Ausdruck.

Heute ist Konstanz Tagungs- und Kongreßstadt, es ist kultureller Mittelpunkt einer großen Region, und es ist ein wirtschaftliches Zentrum. Ein besonderer Schwerpunkt der örtlichen Wirtschaft ist eine Vielzahl aufstrebender Betriebe der modernen Kommunikations- und Informationstechnologien. Konstanz ist auch eine attraktive Einkaufsstadt und seit 20 Jahren Sitz einer jungen Universität.

Gastlichkeit besitzt hier Tradition. Davon können sich die vielen tausend Besucher Tag für Tag selbst überzeugen. Wohl alle sind stark beeindruckt von dem Reichtum

Theateraufführung im Rathaushof

an kostbaren Baudenkmälern, wie er in der unversehrten Konstanzer Altstadt anzutreffen ist. Die Bürger tun viel, um ihre alten Häuser in den oft verwinkelten Straßen und Gassen zu sanieren und zu verschönern. In zahlreichen Straßen der Innenstadt entstanden Fußgängerbereiche und verkehrsberuhigte Zonen. Es lohnt sich also, Konstanz, aber auch seine Umgebung näher zu entdecken. Dabei ist dieses Büchlein mit seinen Texten und Bildern unseren Gästen eine wertvolle Hilfe. Unseren Bürgern vermag es vielerlei Anregungen zu geben, die Heimat noch genauer kennenzulernen.

Alle Besucher heiße ich in Konstanz herzlich willkommen und wünsche schöne Tage und Stunden in unserer Stadt.

Dr. Horst Eickmeyer
Oberbürgermeister

»Grüß Gott!«

Mit diesem Gruß heißen wir Sie willkommen in unserer Stadt, die so viele Namen trägt: Konzilsstadt im Herzen Europas, Juwel am Bodensee, Tor zum Süden… Wie dem auch sei: Konstanz vereint die Ausstrahlungskraft einer Metropole mit der Beschaulichkeit des Mittelalters. Egal, ob Sie nur einen Tag oder eine ganze Woche in unseren Mauern verbringen, Sie werden das Flair der Stadt verspüren. Und wenn Sie Abschied nehmen, denken Sie bestimmt ans Wiederkommen.

Wollen Sie uns auf unseren Wegen durch die Stadt und die Umgebung sowie zu reizvollen Zielen am Bodensee begleiten? Wir haben Touren ausgewählt, bei denen Sie aufs Auto verzichten können, denn ein gut ausgebautes Verkehrsnetz, Bahn, Bus und Fähre sowie die »Weiße Bodenseeflotte« stehen Ihnen zu Diensten. Was Sie ebenfalls nicht brauchen, sind Franken oder Schilling, denn im Grenzgebiet versteht sich jeder aufs Umrechnen, und sogar einige Parkautomaten schlucken die Drei-Länder-Währungen.

*Begrüßungskomitee an der Seestraße:
die Schwäne*

Es waren einmal
Noahs Enkel...

Willkommen in der Stadt, die Kaiser und Könige, Päpste und Bischöfe, Kaufleute und Handwerker, Künstler und Soldaten, Günstlinge, Gaukler und verführerische »Mannsräuschlein« in ihren Mauern beherbergte. Sie blickt immerhin auf eine tausendjährige Touristik-Tradition zurück. Aber nicht immer standen die Tore so einladend offen, wie das Stadtwappen sie zeigt.

Es war an einem Septemberabend Anno 1212, als das »Kind Apuliens«, der junge Staufer Friedrich II., an die Stadttore pochte und Einlaß begehrte. Drinnen war eine Tafel bereits festlich gedeckt. Aber nicht für ihn, sondern für seinen in Überlingen rastenden Gegner, den Welfenkönig Otto IV. Doch schon damals ging von dem späteren »Staunen der Welt« eine zwingende Kraft aus. Konstanz wechselte das Lager und öffnete Federico il Suevo die Tore. Damit war der Weg frei zur Königskrönung – zuerst provisorisch im Dezember in Mainz, später – nach der Niederlage Ottos auch mit den Reichsinsignien ausgestattet – noch einmal im Juli 1215 offiziell in Aachen. Friedrich II. machte Weltgeschichte und vergaß dabei den Konstanzern ihre Entscheidung zu seinen Gunsten nie; einzelne Privilegien zeugen noch heute davon.

Auch Kaiser Maximilian I. behielt seine Wartezeit vor den Mauern der Stadt Konstanz in Erinnerung, wenn auch in schlechter. Hinter seinem Rücken hatten die Konstanzer im Schwabenkrieg mit den Eidgenossen verhandelt und standen kurz vor

Blick von Petershausen über die alte Rheinbrücke auf die Stadt Konstanz, Aquatinta um 1820

dem Bündnisvertrag. Der Kaiser erfuhr davon. 1510 pochte er an die Stadttore, forderte Gehorsam und zwang schließlich die Stadt, ein Bündnis mit Österreich einzugehen.

Im Strudel dieser Ereignisse erlebte Konstanz jahrhundertelang das Kommen und Gehen von Österreichern und Franzosen. Sie traten, je nach Konstellation, als Verbündete, Besatzer oder Gegner auf. Sogar Russen und Schweden mischten im Machtpoker mit. Dieser dauerte bis in unsere Zeit: Erst 1978 verließ die letzte französische Garnison das Konstanzer Territorium. Nicht als Feinde, sondern als Freunde.

Die wechselvolle Geschichte der Stadt liest sich wie ein Kriegstagebuch. Dabei hatte es so harmlos angefangen, als vor zweitausend Jahren Fischer in Pfahlbauten am Bodensee lebten. Auf dem Areal der heutigen Niederburg fanden sich früheste Siedlungszeugnisse: steinzeitliche, später keltische – die Kelten gründeten im 1. Jahrhundert n. Chr. hier eine Fischersiedlung –, dann römische und alemannische. Für bares Geld – allerdings für weniger als erhofft – schrieb ein Historiker aus dem Mittelalter in seiner Chronik die Stadtgründung den Enkeln Noahs zu. Glaubhafter klingt die Namengebung nach Kaiser Konstantin dem Großen (306–337). Ziemlich sicher ist, daß im Jahre 378 eine zerstörte keltische Ansiedlung als Befestigung gegen die Alemannen wiederaufgebaut, von diesen aber bereits im 5. Jahrhundert abermals verwüstet wurde. Im 9. Jahrhundert verzeichnet ein Reisehandbuch den Namen des Fleckens als »Constantia« und beruft sich auf Anonymus, den unbekannten Mann aus Ravenna. Als Stadt wird Konstanz erstmals um 780 erwähnt. Sie war damals den alemannischen Herzögen untertan.

Mit den Römern war das Christentum in die Gebiete nördlich der Alpen gekommen. Um 570 soll der Bischofssitz von Windisch unter Bischof Maximus hierher verlegt worden sein. Andere Quellen, etwa Barbarossas »Privileg von 1155«, verweisen allerdings auf Dagobert I. (623–639), so daß die Anfänge des größten deutschen Bistums wohl im 7. Jahrhundert zu suchen sind. Karl Martell, der mächtige Verwalter des Karolingerreiches, wies der Kirche die Aufgabe zu, den fränkischen Einfluß im alemannischen Herzogtum zu stärken. Um 724 berief er den Benediktinermönch Pirmin auf die Reichenau, wo dieser, ein Ire, die später bedeutsame Reichsabtei gründete. In den Jahren von 736 bis 782 verwalteten die Konstanzer Bischöfe in Personalunion die Klöster Reichenau und St. Gallen.

Der erste bedeutende Mann auf dem Konstanzer Bischofsstuhl war Konrad (934–975). Er ist Schutzpatron der Stadt, und noch heute feiern die Konstanzer Bürger am 26. November das Konradifest als großen kirchlichen Feiertag. An seine drei Jerusalemfahrten erinnert noch heute in der Mauritiuskapelle des Konstanzer Münsters das Heilige Grab, eine Nachbildung der historischen Stätte. Aus dem Heiligen Land brachte Konrad auch eine Kreuzrelique mit, die er dem seinerzeit neugegründeten Augustinerhospiz vor den Toren der Stadt überließ. Von jenem »Kruzelin« leitet die schweizerische Stadt Kreuzlingen ihren Namen ab.

Dem allseits beliebten und im Zuge des Laterankonzils von 1123 heiliggesprochenen Konrad folgte der 1134 ebenfalls zu den Ehren der Altäre erhobene Gebhard (979–995). Um beide Heilige rankt sich eine Vielzahl anrührend menschlicher Legenden.

Im neuen Jahrtausend strebte Konstanz dem Höhepunkt seiner geistlichen und weltlichen Macht entgegen. Heinrich II. rief 1043 zur Reichsversammlung. Kaiser Friedrich I. Barbarossa blies zum Feldzug gegen die lombardischen Städte, und 30 Jahre später schloß er vor dem Münster den »Konstanzer Frieden« mit der Liga. Konstanz stand auf dem Höhepunkt seiner Blüte. Seit 1192 war es Freie Reichsstadt, seit Ende des 14. Jahrhunderts sogar dem Bischof gegenüber nicht länger steuerpflichtig. Spätmittelalterliche Münzfunde, etwa des Salomondenars oder des Konstanzer Pfennigs, zeugen von Handelsbeziehungen der Stadt in ganz Europa. Die erste Münzordnung datiert aus dem 13. Jahrhundert. In dieser Zeit entstanden auch der erste Mauergürtel sowie das Stadtsiegel mit dem Zeichen der offenen Tore. In nahezu derselben zeitlichen Abfolge rebellierten die Zünfte gegen die Patrizier (1342–1430). Daraus resultierte eine wachsende Mitsprache der Handwerker zu Lasten der Geschlechter. Es war die Epoche der großen Städtebünde – im Jahre 1331 bildete Konstanz zusammen mit anderen Reichsstädten den »Schwäbischen Städtebund« –, und es war auch das Zeitalter des Konzils.

Düstere Wolken waren über dem »Tor zum Süden« bereits 1343 mit der ersten von vier Judenverfolgungen aufgezogen. Neun Menschen wurden damals ertränkt, zwölf verbrannt. Und ähnlich ging es in größeren Abständen weiter bis 1443. Damals sah sich König Sigismund herausgefordert und bestrafte die Zünfte als mutmaßliche Urheber der Pogrome. Nicht ohne Hintergedanken allerdings; denn der König benötigte Geld. So verfiel er auf einen raffinierten Plan: Zum Dank für ihre Errettung forderte er von den Juden die Verpflegungskosten für ihre fünfjährige Gefangenschaft im Pulverturm.

König Sigismund und Papst Johannes XXIII. hatten in Lodi – der heutigen Partner-

Südportal des Konstanzer Münsters in spätgotischem Stil, Lithographie von Deroy aus dem Jahr 1840

stadt – Konstanz zum Sitz des »Konstanzer Konzils« bestimmt, das von 1414 bis 1418 die große Kirchenspaltung beendete. Zwar floh Papst Johannes XXIII. im ersten Konzilsjahr, doch mit der Wahl Oddone Colonnas als Martin V. ging 1417 das Schisma zu Ende.

Im Jahre 1414 mußten die 6.000 Einwohner der Stadt Konstanz schätzungsweise 50.000 Konzilsteilnehmer, hohe Geistliche und weltliche Würdenträger ebenso wie ihre Bediensteten und Troß, beherbergen und verköstigen. Der Stadtschreiber Ulrich von Richental schildert eindrucksvoll die Ereignisse. Wer das Rosgartenmuseum besucht, findet dort die Nachschrift des verschollenen Originals seiner Chronik. Aufgeschlagen ist meist die Seite über die Verbrennung des böhmischen Reformators Jan Hus am 6. Juli 1415. Neben dieser dunklen Phase der Geschichte erinnern andere Dokumente an die glanzvolle Geburtsstunde Preußens: Im Jahr der Papstwahl – 1417 – ernannte König Sigismund den Burggrafen Friedrich VI. von Nürnberg zum ersten Kurfürsten von Brandenburg.

Kaum erholte sich die Stadt von der Konzilslast – der König dachte gar nicht daran, seine Schulden zu bezahlen –, da raffte gegen Mitte des 15. Jahrhunderts die Pest viele Bürger dahin. Nur 4.000 Menschen überlebten. Sie suchten den Anschluß an die Eidgenossen, und als dies nicht gelang, traten sie dem »Schwäbischen Bund« bei. 1498 machte Kaiser Maximilian I. auf dem Brühl den jungen Götz von Berlichingen zum Träger des Reichsbanners. Doch es nutzte nichts, der Schwabenkrieg endete

Das Haus zum Hohen Hafen mit Fresken des Historienmalers Häberlein über die Belehnung des Burggrafen von Nürnberg mit der Mark Brandenburg; dies gilt als Geburtsstunde Preußens

mit einer Niederlage. Obwohl Konstanz – wenn auch unter veränderten Bedingungen – seine Rechte weitgehend behalten konnte, verlor es im Jahre 1499 das »Landgericht«, seine Rechte im Thurgau, seinem eigentlichen Territorium.

Zwar hielt Maximilian I. im Jahr 1507 einen Reichstag in Konstanz, doch das Taktieren mit den Eidgenossen war der Stadt bekanntermaßen teuer zu stehen gekommen. Immer wieder verhandelten Bürger und Räte mit den falschen Partnern, ließen sich Zeit mit ihren Entscheidungen, obwohl es häufig bereits fünf nach zwölf war.

So auch während der Reformationszeit, die in Konstanz 25 Jahre dauerte. Damals schmolzen die Zwingli-Anhänger Kirchenschätze und andere Kunstwerke ein, um daraus 15.600 Silber- und 8.400 Goldgulden zu prägen. Doch wie bereits in der Politik, so stand die Stadt erneut im Spannungsfeld zwischen Schweizer und deutschen Interessen: Sie schloß einerseits Burgrechtsverträge mit Zürich und Bern, andererseits mit dem Schmalkaldischen Bund. Als die Zürcher in der Schlacht von Kappel von den Katholischen geschlagen wurden, mußten sie ihr Bündnis mit Konstanz lösen. Nach einer weiteren Schlacht unterwarfen sich auch die Städte des Schmalkaldischen Bundes. Nur Konstanz zögerte. Als sich die Stadt 1548 endlich dazu durchrang und Boten zur katholischen Majestät nach Augsburg sandte, kreuzten sie sich mit den Gesandten Kaiser Karls V., die die Verhängung der Reichsacht über die Stadt zu verkünden hatten. Ein schlechtes Omen: Als kurze Zeit später die spanischen Truppen des Kaisers die Stadt überfielen, stürzte der von Kaiser Sigismund übergebene Reichsadler vom »Haus zur Katz« herab.

Erst als am Rheintorturm Pulver explodierte, stoben die Spanier über die Rheinbrücke von dannen. In Petershausen allerdings schändeten sie nach Chronistenzeugnis alle Frauen und ermordeten die Männer. Die vom Kaiser 1548 verhängte österreichische Herrschaft sah erneut einen Bischof in den Mauern der Stadt. Allerdings suchten die geistlichen Herren bald wieder die Annehmlichkeiten und barocke Machtfülle der Meersburger Residenz.

Der nächste Angriff ging von den Schweden aus. 1633 stand Marschall Horn plötzlich vor der Stadt. Die Bürger schütteten voller Gottvertrauen Wasser in die Gräben und rissen Häuser ab – unterdessen floh der Bischof. Wenige Tage später bliesen die Schweden zum Rückzug, und Konstanz rächte sich am Kloster Kreuzlingen mit der totalen Zerstörung, da es erlaubt hatte, von seinem Territorium aus anzugreifen. Zur Erinnerung an die Errettung bauten die Konstanzer 1638 die Lorettokapelle.

Im Oktober 1744 kamen für sechs Monate die Franzosen. 1796 und 1799 waren sie erneut in der Stadt. Ungerührt vernahmen die österreichischen Herren die Klagen der Konstanzer, sie müßten einen Heerhaufen von 1.200 Mann, Gefolge, Huren und Buben verköstigen. Hungrige Soldaten bedrohten sogar den Bürgermeister. Als Kaiser Joseph II. im Jahr 1777 Konstanz eine Visite abstattete, erscholl kein Jubelruf mehr aus Konstanzer Kehlen. Zu sehr war die Stadt während der Kriegswirren in Mitleidenschaft gezogen worden. In der Folgezeit hob der Kaiser, der als Freigeist und Reformer galt, die Klöster auf und siedelte Industrie an. Damals gründete Macaire im Dominikanerkloster eine Textilfabrik. Er gehörte zu jenen 270 Emigranten, die nach einer Spaltung der Genfer Calvinisten in Konstanz eine neue Bleibe fanden.

Bis 1805 dauerte das Gerangel zwischen Franzosen und Österreichern. Da verteilte Napoleon den vorderösterreichischen Besitz an die neugegründeten Rheinbundstaaten. Konstanz kam zum Großherzogtum Baden und verlor die letzten Reste bürgerlicher Selbstverwaltung. Bei einem Handstreich der Österreicher am 29. Juni 1809 hatten die Konstanzer Gelegenheit, ihren siegreichen einstigen Herren dabei zu helfen, den ungeliebten badischen Jägern die Uniformen auszuziehen. Allerdings war der Krieg am Nachmittag bereits wieder zu Ende. Konstanz blieb badisch.

Das Jahr 1827 brachte schließlich den Verlust des Bischofssitzes. Das Domkapitel hatte den bisherigen Bistumsverweser Ignaz Heinrich von Wessenberg auf den Stuhl des heiligen Konrad vorgeschlagen. Doch ignorierten sowohl der Großherzog von Baden als auch der Papst aus politischen Motiven die Wahl und zerbrachen die Macht des Bistums: Sie machten aus einem zwei, nämlich Freiburg und Rottenburg; ferner schlugen sie Teile des Bistums St. Gallen und Basel zu. Wessenberg indessen blieb bis zu seinem Lebensende als Gelehrter und Schriftsteller sowie als Förderer der Künste in Konstanz.

Zeppelin-Denkmal im Konstanzer Hafen

Die Zeit nach 1815 wird als Epoche der Restauration bezeichnet. Ein zunehmendes Geschichtsbewußtsein und die Rückbesinnung auf alte Ideale zeichnen sie aus. Der Antiquitätenhändler J. Castell organisierte 1832 eine Ausstellung mit Zeugnissen über den als »Ketzer« in Konstanz hingerichteten Vorläufer der Reformation Johannes Hus und das Konstanzer »Concilium«. Von weither strömten die Neugierigen zum Altertumskabinett im ehemaligen Kaufhaus, das seitdem »Konzil« heißt. Ein paar Häuser weiter, auf der Dominikanerinsel, erblickte zu jener Zeit – 1838 – Graf Zeppelin das Licht der Welt.

Vom Balkon des ehemaligen Franziskanerklosters und damaligen Stadthauses soll am 12. April 1848 der Mannheimer Rechtsanwalt Friedrich Hecker die erste Deutsche Republik ausgerufen haben. Hessisch-preußische Truppen bereiteten diesem politischen Intermezzo ein Ende.

Die neue Zeit aber war nicht aufzuhalten: Stadtluft machte frei, Türme und Mauern wurden niedergerissen. Mit dem Schutt ließ sich der Hafen bauen und der Stadtgarten auffüllen, um den Eisenbahnanschluß herzustellen. Das Krankenhaus entstand, der Schlachthof, die Hauptpost und das Finanzamt. Mit Hilfe des Gaswerks sah die Stadt sozusagen erleuchtet dem beginnenden 20. Jahrhundert entgegen, und das Seewasserwerk machte sie unabhängig von den Brunnen. Während des Ersten Weltkriegs kam es 1915 zur Eingemeindung von Allmannsdorf, 1934 folgte Wollmatingen, 1971 Litzelstetten und 1975 Dingelsdorf, Dettingen und Wallhausen.

Ein großes Ereignis war 1928 die Einweihung der Fähre nach Meersburg. Zehn Jahre später stand die Erweiterung der alten Rheinbrücke an, der 1980 die zweite Rheinbrücke folgte. Ein dritter Rheinübergang, die sogenannte Mittelbrücke, bleibt Fußgängern und Radfahrern vorbehalten. In der Diskussion befindet sich noch immer der Ausbau der Bundesfernstraße und der Anschluß an das Autobahnnetz der Schweiz, Zukunftsmusik für Deutschlands letztes Zipfele, das sich noch immer voller Stolz an die Brust klopft und weiß: Sein Herz schlägt im Zentrum Europas.

Die Fähre verbindet Konstanz mit Meersburg

Erster Rundgang Altstadt
An der Wiege der Konzilsstadt

»Wie offene Arme« strecken sich die Marktstätten-Häuser dem See entgegen und ziehen Ankommende – sowohl Fremde als auch Einheimische – einladend in ihren Bann. Von diesem »Empfangssalon der Stadt« aus beginnen wir den ersten Rundgang durch das Zentrum der historischen Stadt mit ihren vielen Winkeln, kleinen Gassen, hohen Häusern und alten Kirchen.

Wir gehen vom Kaiserbrunnen in Richtung Bodensee und stellen uns vor, wie einst Schiffe einen Teil der heute trockengelegten Markstätte befuhren. Über Seesicht verfügte also auch damals das ehemalige Gasthaus »Zum Goldenen Adler«, in dem heute eine Bank untergebracht ist. In dieser einstigen Nobelherberge stiegen unter anderem Zar Alexander I., Kaiser Franz Joseph II., die Napoleon-Stieftochter Hortense und Napoleon III. ab, der als Geschenk das Wahrzeichen des Hauses, den goldenen Adler, mitbrachte. In dem Haus mit dem blau-orangefarbenen Erker machte auch Goethe zweimal Station.

Zum benachbarten »Südkurier«-Verlagshaus, das bis 1905 den Carl Hirsch Verlag beherbergte, den Vorläufer der Christlichen Verlagsanstalt, gehört das um 1225 erbaute Spital zum Heiligen Geist. Gegenüber steht das 1891 entstandene, 1985–90 renovierte repräsentative Postgebäude. Nach dem Durchqueren der Unterführung sehen wir zur Linken direkt am Wasser das in den Jahren 1388 bis 1391 für die »Welschen von Mailand« errichtete Kaufhaus. Seinen irre-

Die Marktstätte

Die Unterführung verbindet die Marktstätte mit dem Hafen

führenden Namen »Konzil« erhielt es erst im letzten Jahrhundert.

Während des Konstanzer Konzils von 1414 bis 1418 fand lediglich das dreitägige Konklave mit der Papstwahl – der einzigen auf deutschem Boden – vom 6. bis 8. November 1417 in diesem Gebäude statt. In der übrigen Zeit tagten die Würdenträger im Münster.

Zu einem reizvollen Spaziergang ermuntern die Anlage und der angrenzende Stadtgarten. Der Blick fällt auf den im 19. Jahrhundert erbauten Hafen, den Pegel, das Seezeichen Nummer 1 und das Zeppelindenkmal von 1920, das die Sage von Wieland dem Schmied symbolisiert, der aus der Gefangenschaft seines Fürsten mit einem Flügelpaar entfloh. In der Konstanzer Bucht steht der Frauenpfahl. Er markiert die Stelle, wo man im Mittelalter die verurteilten, in einen Sack genähten Frauen ertränkte.

Hinter den Bäumen taucht auf einer Insel der Komplex des einstigen Dominikanerklosters auf, in dem der Dichtermönch und Mystiker Heinrich Suso von 1310 bis 1340 arbeitete und lebte. Nach der Aufhebung des Klosters im Jahre 1785 entstand dort eine Textilfabrik. In einem Nebengebäude erblickte am 8. Juli 1838 Ferdinand Graf Zeppelin, der Erbauer des ersten Luftschiffs, das Licht der Welt. Später hielt ein Hotel Einzug. Im Festsaal nahm 1966 die neugegründete Universität Konstanz ihre Arbeit auf. Schwellenangst vor diesem ersten Haus am Platze sollte der Besucher verbannen; denn er fühlt sich sofort heimisch im Inselhotel der Steigenberger-Hotelkette. Auf dem Weg zu einer Tasse Kaffee

Das historische Konzilsgebäude mit dem späteren Gaststätten-Anbau, im Volksmund Patronentasche genannt

auf der wunderschönen Seeterrasse passiert der Besucher den Kreuzgang mit Fresken aus der Jahrhundertwende von Carl Häberlin über die Geschichte des Hauses und damit auch über die Geschichte von Konstanz.

Wer vom Hotel kommt, sieht sich meist durch geschlossene Eisenbahnschranken zum Warten verurteilt. Als noch keine Züge fuhren, standen hier die Stadtmauern, Konstanz nach der Seeseite schützend. Der

Blick richtet sich automatisch auf ein rotes Haus auf der gegenüberliegenden Straßenseite. Im Domherrenhof wohnte unter anderen Erasmus von Rotterdam (ca. 1465 bis 1536) während seiner Konstanzer Zeit. Rechts davon erblicken wir die Spitalkellerei Konstanz, die Mauern des 700jährigen Frauenklosters Zoffingen, den stattlichen roten Barockbau der Dompropstei, das spätere Regierungsgebäude und heutige Notariat, sowie den Rheintorturm.

Wir wenden uns nach links und gehen am Stadttheater vorbei, dessen Fassade die Vertreibung des Hanswurst von der Bühne darstellt. Das Theater mit eigenem Ensemble darf aufgrund der Schüleraufführungen des dazugehörenden Jesuitenkollegs von sich behaupten, das »älteste noch bespielte Theater Deutschlands« zu sein. Vom Thea-

Der Kreuzgang des ehemaligen Dominikanerklosters, das heute als Hotel dient

tergebäude gehen wir durch die Gymnasiumsgasse zum Eingang der einstigen Jesuitenkirche (1604), heute als Christuskirche die altkatholische Gemeinde beherbergend. Die Stuckdecke und die Barockaltäre aus dem 17. Jahrhundert sind die Hauptsehenswürdigkeiten.

Auf der rechten Seite sehen wir die Reste des Bischofshofes aus dem 18. Jahrhundert. Wir lassen die Kreuzgang-Fragmente hinter uns und betreten durch den Seiteneingang das Konstanzer Münster »Unserer lieben Frau«, eine in den Jahren 1058–68 erbaute Säulenbasilika, deren gotische Turmspitze schon von weitem zu erblicken ist. Der älteste, noch erhaltene Teil des Münsters ist die romanische Krypta, die seit dem 10. Jahrhundert unverändert geblieben ist. Dort, in der Nähe des Märtyrergrabes des

Die alte Dompropstei

heiligen Pelagius, stehen die vergoldeten Kupferscheiben, die von 1299 bis 1923 an der Choraußenseite hingen, heute ersetzt durch Kopien. Im Glanz der Morgensonne grüßten sie die Fischer in der Konstanzer Bucht.

Im Innern der dreischiffigen Basilika fallen die Kapellen entlang der Seitenschiffe auf, die kunstvolle Kanzel aus St. Gallen (um 1600), das reiche Schnitzwerk des in den Jahren 1465–70 geschaffenen Chorgestühls sowie der steinerne, »Schnegg« genannte Treppenturm von 1438. Die Ausstattung, die noch manches weitere Werk heimischer Bodenseekunst enthält, spiegelt alle nur denkbaren Epochen wider.

Der Schutzpatron des Münsters, der heilige Konrad, ließ um 960 eine Nachbildung des Heiligen Grabes erbauen. Damit wollte er den Gläubigen ein Bild des Heiligtums vermitteln, das er auf drei Kreuzzügen in Jerusalem besucht hatte. Der Komplex, zu dem die Mauritiusrotunde gehört, erfuhr zwischen 1260 und 1270, dem Stil der Zeit

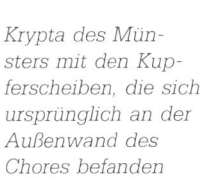

Das Stadttheater und die Jesuitenkirche

Krypta des Münsters mit den Kupferscheiben, die sich ursprünglich an der Außenwand des Chores befanden

entsprechend, eine gotische Umgestaltung. Der zwölfeckige Tempel beherbergt eine Rarität: An der Innenwand erblicken wir einen Apotheker mit der berühmt gewordenen ersten Darstellung einer Lupe. Interessant ist aber auch die Statue auf der dritten Säule rechts – vom Mittelürmchen aus gesehen –, die Pilgertasche und Wanderstöcke bereithält und zum Kreuzzug auffordert. Vom Kreuzgang aus zweigt die mit Malereien ausgeschmückte Silvesterkapelle ab; bei Münsterführungen gelangt man in den gotischen Kapitelsaal und die Nikolauskapelle.

Wenn wir das Gotteshaus durch die gleiche Tür wieder verlassen und geradeaus durch die Brückengasse spazieren, erreichen wir den ältesten Stadtteil, die Nieder-

burg. Noch immer erweckt sie in dem Besucher den Eindruck, er kehre ins Mittelalter zurück. Ihre engen Gassen bilden noch heute die stimmungsvolle Kulisse für das Narrentreiben während der Konstanzer Fasnacht.

In der Niederburg wohnte einst das Domkapitel, wovon noch zahlreiche Domherrenhöfe zeugen. Gleich linker Hand sehen wir das heutige »Domhotel St. Johann«, einst Niederbürgler Pfarrkirche und später Domherrenstift. Es lohnt sich, auch die anderen Häuser mit Fassaden aus dem 12., 13., 14. und 15. Jahrhundert genau anzusehen, denn an den meisten Häusern steht noch der alte Name wie »Haus zur Rebe«, »Zum roten Sternen«, »Zum Schwarzen Bock«, »Leoparden«, »Rosen Baeck«, »Sittich«, »Zur hinteren Reusche« oder »Zem Phasant«.

Wir gehen ein kurzes Stück nach links in die Inselgasse und biegen gleich wieder rechts in die Rheingasse ab. Diese alte Hauptstraße führte durch den Rheintorturm über die Brücke aus der Stadt hinaus; hinüber nach Petershausen. Anders unser Weg: Wir sehen die einstige Dompropstei und den Turm, wenden uns aber bei erster Gelegenheit nach links in die Niederburggasse. Hier stoßen wir auf das Haus »Zur Mugge«, 1422 urkundlich erwähnt. Heute beherbergt es eine der renommiertesten Weinstuben der Stadt. Überhaupt ist die Niederburg die eigentliche Heimat der Weintrinker, und niemand sollte diesen Stadtteil, in dem Fischer und Handwerker zu Hause waren, verlassen, ohne nicht wenigstens in ein Glas badischen Weines geschaut zu haben.

S. 32
Die Mauritiusrotunde mit dem Heiligen Grab

S. 33
Der Münsterturm mit der Mariensäule

Der Seerhein mit dem Rheintorturm, durch den früher die Rheinbrücke in die Stadt führte

Die Niederburggasse endet an der Konradigasse, die wir jetzt linker Hand entlangschlendern. Eine Inschrift erinnert an die ehemalige Lateinschule. Kenntnisse ganz anderer Art, nämlich diejenigen des Weintrinkens, können die Kenner dort heutzutage erlernen. Vor dem Haus Nummer 5 dürfen sie dann dem heiligen Konrad ihre Reverenz erweisen – sein Name gab dem Gebäude und der Gasse den Namen. Diese scheint am Burghof zu enden, doch links davon, nach Überqueren der Inselgasse, führt ein Sträßchen weiter zum Münster, es heißt dann allerdings St.-Johann-Gasse. Wenige Schritte vor dem Münsterplatz sehen wir auf der linken Seite das ehemalige Kirchenschiff von »St. Johann«, das heute zum bereits erwähnten Domhotel gehört, und

Der Lenkbrunnen in der Unteren Laube aus dem Jahr 1990

rechts, beim Eingang eines Friseurgeschäfts, lohnt sich der Klingeldruck bei dem Schild »Fresken«. Wenn Thaddäa Mack zu Hause ist, öffnet sie Besuchern bereitwillig die Tür und zeigt ihnen den um 1300 entstandenen Weberzyklus, der zu den ältesten profanen Fresken überhaupt zählt.

Wieder am Münster angelangt, ziehen der »Konstanzer Heiland« und die zwanzig Reliefe der Heilsgeschichte die Aufmerksamkeit auf das Kirchenportal. Wenn wir uns dann umdrehen, fällt linker Hand der Blick auf eine Häusergruppe, die heute die Stadtbücherei, den Kunstverein und die Wessenberggalerie beherbergt und als »Wessenberghaus« an den letzten Bistumsverwalter erinnert. Eine im 19. Jahrhundert entstandene klassizistische Fassade vereint verschiedene Häuser zu einem Ensemble.

In der Gasse geradeaus ragen Buckelquader aus den Mauern heraus. Hier, im

Konradigasse

»Haus zur Katz«, haben sich früher die Patrizier getroffen, und bis vor wenigen Jahren beherbergte es das Stadtarchiv. Die künftige Nutzung wird ein neues Kulturkonzept erst noch festlegen. Nebenan befindet sich das Bodensee-Naturmuseum, das einzigartige Sammlungen von der Ur- und Frühgeschichte bis zur Gegenwart enthält. In diesem Gebäude wurde 1492 der Reformator Ambrosius Blarer geboren.

Unser Weg führt nach links, um vielleicht den gotischen Münsterturm zu besteigen und die einzigartige Fernsicht über den See und auf die Alpen zu genießen. Im Pfalzgarten steht die Mariensäule aus dem Jahre 1683. An der Stelle des heutigen Pfarrhauses befand sich bis 1830 die Bischofspfalz. Wir gehen vom Münster durch die Wessenbergstraße zu der rechter Hand gelegenen

Die Niederburg wäre undenkbar ohne ihre gemütlichen Weinstuben

»Das Kint spulet ich ka Webe«, ist das Fresko aus dem Weberzyklus im »Haus zur Kunkel« betitelt

Stefanskirche. Vom Hauptportal sind es ein paar Schritte in die Torgasse, wo wir rechts das 1723 vom Bischof erbaute »Kleinspitäle« und dahinter den Lanzenhof mit seinen Staffelgiebeln erkennen. Dort wohnte die Gattin König Sigismunds während des Konzils. Auf das Konzil spielt auch eine Szene des »Konstanzer Triumphbogens« an, im Volksmund »Lenk-Brunnen« genannt. Der in Bodman ansässige Bildhauer Peter Lenk schuf 1990 auf der Laube, direkt zwischen Torgasse und Baudezernat, eine »Ehrenpforte« mit frei-frivolen Anspielungen zur Kunst-, Stadt- und Weltgeschichte. Die Resonanz der Betrachter reicht von wütender Ablehnung bis zu verherrlichender Zustimmung.

Doch zurück zur Stefanskirche, die sich die älteste Pfarrkirche Konstanz' zu sein

Blick vom Münsterturm

Blick auf Petershausen

rühmt. Sie lag einst außerhalb der vom Bischof gezogenen Mauern und war wohl Friedhofskapelle, bevor sie im 6. Jahrhundert Bürgerkirche wurde. Im Inneren fallen die Barockengel, die Epitaphe und das Sakramenthäuschen des Konstanzer Bildhauers Hans Morinck (um 1594) sowie das Chorgestühl mit Fabeltieren (um 1300 und 1430) ins Auge.

Wenn wir die Kirche durch den Seiteneingang verlassen, stehen wir auf dem Stefansplatz. Der große gelbe Gebäudekomplex, der früher Franziskanerkloster und dann für kurze Zeit Stadthaus war, beherbergt heute eine Schule. Vom Balkon am Ende des Platzes soll Friedrich Hecker 1848 die erste Deutsche Republik ausgerufen haben. Auf der anderen Straßenseite, leicht nach hinten versetzt, fasziniert die um 1900 bemalte Fassade des Gasthauses »Zeppelin« mit Reichsinsignien und Ornamenten. Wenn wir uns umwenden und auf der Schmalseite des Platzes zurückgehen, werfen wir einen Blick auf ein Bankhaus mit Säulenportal, in dem einst der Geldgeber des benachbarten Klosters, der Edle von Grünenberg, wohnte.

Nachdem wir die Wessenbergstraße überquert haben, kommen wir durch die enge Münzgasse und erblicken dort linker Hand das gelbe Haus zum »Hohen Hirschen« mit seinem auffallend bemalten Erker und den verschnörkelten Wasserspeiern. An der Rückseite eines Kaufhauses biegen wir nach links ab und stehen alsbald am fünfgeschossigen »Wohnturm zum Goldenen Löwen« mit perspektivischer Malerei um 1575. Er ist einer der wenigen erhalte-

Der Wohnturm »Zum Goldenen Löwen«

nen Wohntürme, die zusammen mit den stattlichen, oft hoch aufragenden und bezeichnenderweise an der Hohenhausgasse gelegenen Häusern im Mittelalter den Eindruck eines Manhattan am See erweckten. Wie imponierend das Stadtbild aussah, läßt sich an dem knapp hundert Meter entfernten »Hohen Haus« am Ende der Straße ablesen. Dort wohnte während des Konzils Friedrich VI., der spätere Kurfürst von Brandenburg. Ein Fresko zeigt die Hochzeit seiner Tochter, ein anderes eine Fischerszene mit zeitgenössischen Porträts aus den 30er Jahren. Die Reste der Laubengänge erinnern an norditalienische Vorbilder. Jener »kleine Fischmarkt« lag nie im Wettstreit mit dem wenig entfernten eigentlichen Fischmarkt. Dieser ist imposanter, und dort gab es auch die besten Fische, während auf dem kleinen Fischmarkt die ärmeren Leute einkauften.

Wir lassen das offene Gewölbe hinter uns und bummeln durch die Zollernstraße bis zum ehemaligen »Hotel Hecht«. Vor uns liegt ein gelbes Gebäude mit reichverzierten Barocktüren: das Alte Rathaus. Es stand früher direkt am Bodensee, war von einem Wassergraben umgeben, an dessen Stelle sich heute die Konzilstraße hinzieht. Rechts am Fischmarkt befindet sich das »Südkurier«-Verlagshaus. Dort, wo bis 1830 der Pranger stand, stellt auch heute noch die einzige Tageszeitung der Stadt gelegentlich unliebsame Ereignisse »an den Pranger«. Wir biegen nach rechts in die Brotlaube ab, an deren Ende wir uns wieder auf der Marktstätte befinden, dem Ausgangspunkt unseres ersten Rundganges.

Die Wessenbergstraße mit dem Haus »Zum Elefanten«

Zweiter Rundgang Altstadt
Wo der Handel blühte und noch blüht

Mittagspause beendet? Wie wäre es mit einem Bummel durch die Fußgängerzone? Historische Häuser prägen auch in diesem Bereich das Stadtbild und künden von einstigem Bürgerstolz, vom Wohlstand der Kaufleute und der Zünfte. Trotz erheblicher Sanierungen von seiten der Stadt und vieler Privatleute bleiben Wünsche offen, zum Beispiel Statuen; in den Nischen des Kaiserbrunnens, dem Ausgangspunkt unseres nächsten Rundganges. 1897 aufgestellt, waren hier die Kaiser Friedrich I. Barbarossa, Friedrich II., Sigismund und Maximilian I. zu sehen. Heute sind die Nischen leer, und wenn der Stadtsäckel wieder voll ist, wird ein neues Brunnenkonzept verwirklicht. Zweimal im Jahr beweist der Kaiserbrunnen noch immer seine Anziehungskraft. Beim Wurstschnappen der Kinder zur Fasnachtszeit und beim Suserfest, wenn der junge Wein fließt.

Zwei Häuser machen den Charakter der autofreien Marktstätte aus. Es sind dies das Ziegelsteingebäude sowie das angrenzende »Haus zum Wolf«, das eine einzigartige Rokokofassade sowie eine reich geschnitzte Holztür aufweist. Die Denkmalspfleger verliehen – beispielhaft für viele andere Häuser – eine Auszeichnung für gelungene Renovierung.

Wir biegen jetzt nicht in die Rosgartenstraße ein, sondern gehen mit dem Rücken zum See geradeaus am Kaiserbrunnen und einem modernen Kaufhaus vorbei durch die Kanzleistraße. Leider steht die Sonne selten

Das Rokokohaus »Zum Wolf«

günstig genug, um die Fresken am »Haus zur Salzscheibe unter den Säulen« ausgiebig zu betrachten. Dabei lohnt sich dies, denn wir stehen vor dem heutigen Rathaus, dessen Fassade eine Bildergeschichte über die wichtigsten historischen Ereignisse der Stadt erzählt. Das erste Bild: Nach jahrelangem Scharmützel schließt Kaiser Friedrich I. Barbarossa am 25. Juni 1183 Frieden mit den lombardischen Städten. Das zweite Bild: Für Friedrich II. öffnen sich 1212 die Stadttore von Konstanz. Damit wird sein Weg frei zur Königskrönung in Aachen. Drittes Bild: König Sigismund belehnt während des Konstanzer Konzils 1417 den Burggrafen Friedrich VI. von Nürnberg mit der Mark Brandenburg und legt damit den Grundstein für die spätere Großmacht Preußen. Die gleiche Szene sehen wir dann wieder am Obermarkt, außerdem ist sie uns schon durch die Wandmalerei am »Hohen Haus« in der Zollernstraße bekannt. Das vierte Bild beschreibt den Sieg gegen die spanischen Truppen Kaiser Karls V. im Jahr 1548. Allerdings gerät die Stadt dennoch in Acht und Bann.

Oberhalb der geschichtlichen Darstellungen, von Ferdinand Wagner im Jahr 1864 gemalt, sehen wir bedeutende Bewohner der Stadt. Die erste Reihe wird eröffnet durch Maximus, den unbestätigten Quellen zufolge im 6. Jahrhundert lebenden ersten Bischof der Stadt; es schließen sich an Heinrich von Bitzenhofen und Ulrich Blarer, die um 1225 das Heilig-Geist-Spital gründeten, danach erblicken wir Christoph Schulthaiß (1518–1578), der als Bürgermeister von Konstanz und Chronist wirkte. Die untere

Der Rathaus-Innenhof

Reihe zeigt Ambrosius Blarer (1492–1564), den geistigen Mittelpunkt der Reformation in Konstanz, einen Freund Melanchthons und Zwinglis; Constantius Chlorus, einen der sagenhaften Gründer der Stadt; Ulrich Zasius (1461–1535), den Rechtsgelehrten und späteren Reichsvizekanzler in Wien; Freiherrn Ignaz von Wessenberg (1774–1860), den letzten Verwalter des Bistums Konstanz und Förderer der Künste; schließlich Maria Ellenrieder (1791–1863), die bekannte Künstlerin aus dem Nazarenerkreis.

Wer tagsüber jenes gegen Ende des 16. Jahrhunderts im florentinischen Renaissancestil umgebaute ehemalige Zunfthaus aufsucht, sollte sich ein Herz nehmen und eintreten; abends empfiehlt sich ein Blick durchs rechte Fenster. Hier präsentiert sich ein zauberhafter Rathaus-Innenhof. Hinter den Butzenscheiben der Rundbogenfenster verbergen sich die Amtsräume des Oberbürgermeisters. Lediglich zu Sitzungen und Feierlichkeiten öffnet sich die Tür zum Ratssaal, in dem Kaiser Maximilian I. im Jahre 1507 einen Reichstag in Konstanz hielt. Links im Hof hinter der Vorhalle ragt ein Türmchen empor, das zu betreten sich lohnt. Im ersten Stock malte Carl von Häberlin, den wir bereits aus dem »Inselhotel« kennen, im Jahr 1898 weitere Szenen zur Stadtgeschichte.

Nur wenige Schritte trennen das Rathaus vom Obermarkt, wo sich einst die Richtstätte befand. Nicht haltbar ist die Behauptung, hier habe Kaiser Rotbart mit den lombardischen Städten verhandelt; alle wichtigen, geschichtsträchtigen Ereignisse fanden auf dem Münsterplatz vor der Kaiserpfalz statt.

Die Kanzleistraße mit der Rathausfassade

Prachtvoll fürs Auge präsentiert sich indessen der Obermarkt und erzählt von den Sternstunden der Stadt: Die Fresken am Haus »zum Hohen Hafen« aus dem Jahr 1906 stammen wiederum vom Historienmaler Carl von Häberlin. Daneben steht das Hotel »Barbarossa«, früher Sitz des Kaufmannsgeschlechts der Muntprat. Eigentümlich mutet die Renaissancefassade »Zum großen Mertzen« an, an der unser Blick vorbeigeht bis zur Lutherkirche. Im roten Eckhaus am Ende der Paradiesstraße bewundern wir in einer Weinstube ein mittelalterliches Fresko. Thematisch passend zeigt es ein fröhliches Trinkgelage.

Vom Obermarkt aus gehen wir durch die Hussenstraße nach Südwesten in Richtung Schnetztor. Gleich rechter Hand sehen wir

Beliebte Konstanzer Straßenfeste

Das Hus-Museum erinnert an den in Konstanz verbrannten böhmischen Reformator

eine der ältesten Apotheken Deutschlands. Das aus dem 14. Jahrhundert stammende Gebäude erhielt seinen Namen »Malhaus« nicht wegen der Malstätte, also der Richtstätte, sondern aufgrund der einst bemalten Fassade. Häuser, die Geschichten aus der Geschichte erzählen könnten, schließen sich an. Dazu gehören jenes mit dem Glockenspiel sowie das eigentümliche, 1922 vom Konstanzer Künstler Hans Breinlinger bemalte Haus. Zwangsläufig fällt der Blick auf das 1963 entstandene Kaufhaus, an dessen Seitenfront der Fasnachtsbrunnen mit der Symbolfigur des »Blätz« steht. Doch bleiben wir in der Hussenstraße, die ihren Namen vom böhmischen Reformator Jan Hus ableitet, der während des Konzils in Konstanz den Feuertod erlitt. Die Tschechoslo-

wakei renovierte zusammen mit deutschen Handwerkern die Gedenkstätte. Das eigentliche »Hus-Haus« stand jedoch in der Nähe des erwähnten »Malhauses«. Das Museum samt Galerie ist heute ein Symbol der Freundschaft zwischen der Konzilsstadt und der Hussitenstadt Tabor, die mit Konstanz ebenso eine Städtepartnerschaft verbindet wie Lodi. Diese Stadt liegt nahe den Roncallischen Feldern, auf denen sich die berühmte Barbarossa-Schlacht zutrug. Außerdem ist Konstanz noch mit Fontainebleau bei Paris und dem Londoner Vorort Richmond partnerschaftlich verbunden.

Links vom Hus-Haus zweigt die Neugasse ab, die an der Dreifaltigkeitskirche endet. Dorthin wenden wir uns, falls wir nicht doch einen Abstecher in die Schweiz machen. Diese ist zwar mit wenigen Schritten zu erreichen, der Spaziergang jedoch dehnt sich aus. Vor uns liegt das Schnetztor aus dem 13. Jahrhundert, das der Stadt die Fachwerkseite und der Schweiz die abwehrende Steinfront zuwendet. Nach etwa 50 Metern – durch die Fußgänger-Unterführung unter der Kreuzung hindurch – gabelt sich die Straße. Rechter Hand gelangt man unmittelbar nach Passieren des Emmishofer Zolls zu einer Filiale der bekannten Migros-Kette, links zum Kreuzlinger Zoll und zur Kreuzlinger Hauptstraße. Sie lädt zum Einkaufsbummel ein und hat nach gut einem Kilometer eine Überraschung bereit, nämlich das barocke Kleinod der St.-Ulrichs-Kirche.

Egal, ob Sie einen großen oder kleinen Rundgang durch die Schweizer Nachbarschaft unternehmen, auf dem Rückweg bie-

Das Schnetztor, von der Hussenpassage aus gesehen

gen Sie nach dem Emmishofer Zoll rechts in die Schwedenschanze und dann in die Hüetlinstraße ein und stehen unvermittelt auf dem Bodanplatz. Am Brunnen, den die Kopie einer Statue aus dem Rosgartenmuseum ziert, wuschen einst die Metzger die Kutteln und Därme – heute gruppieren sich Spezialitätenlokale um den Platz. Von dort aus gehen wir geradeaus auf die Dreifaltigkeitskirche zu.

Das äußerlich schlichte Gotteshaus gehörte zu dem Ende des 15. Jahrhunderts gegründeten Augustinerkloster, dessen Areal bis an den See reichte. Mit der Säkularisation zogen die Patres aus, die sich der Pflege der Aussätzigen gewidmet hatten. Die Klostermauern fielen 1874. Übrig blieb die Kirche mit den einzigen, aus der Konzilszeit erhaltenen Fresken. Diese stiftete Kaiser Sigismund während seines Konstanzer Aufenthalts. Auch der Brunnen am Portal verdient einen Blick.

Der Bodanplatz mit der Sparkassen-Hauptstelle

Die Dreifaltigkeitskirche bewahrt in ihrem Innern Fresken aus der Konzilszeit

Wenige Schritte weiter geradeaus lädt das städtische Rosgartenmuseum zu einem Besuch ein. Allein der Saal des »Zunfthauses zum Rosgarten« – es gehörte der Zunft der Metzger, die sich während der Spanierschlacht hervortaten – ist eine Besichtigung wert. Apotheker Ludwig Leiner hatte 1871 das Museum ins Leben gerufen, das Zeugnisse zur Geschichte der Stadt und ihres Umlandes aufbewahrt. Sein Schwerpunkt liegt auf den mittelalterlichen Sammlungen sowie einer ur- und frühgeschichtlichen Abteilung. Ein Teil der Exponate findet im künftigen Archäologischen Landesmuseum im Konventbau des ehemaligen Klosters Petershausen eine angemessene neue Bleibe.

Der Weg dorthin, am alten Wassergraben, über die jetzige, stark befahrene Konzilstraße zur Rheinbrücke, dem Ort der Spanierschlacht entlang, bleibt einem weiteren Rundgang vorbehalten.

Die Rosgartenstraße mit Rosgartenmuseum

Die Metzgerle-Statue im Rosgartenmuseum, dem ehemaligen Zunfthaus der Metzger

Dritter Rundgang Altstadt
Einmal ins Paradies

Mancher Schriftsteller sinnierte über die makaber anmutende Busverbindung »Friedhof – Paradies«, aber in Konstanz führen nun einmal viele Wege ins Paradies. Der Name geht auf das Beginenkloster »Paradisus Animae«, das Seelenparadies, aus dem 13. Jahrhundert zurück, das die Klosterfrauen allerdings noch im gleichen Jahrhundert nach Schwarzach bei Schaffhausen verlegten.

Der bedeutsamste Ort im Paradies ist die Gedenkstätte für den Magister Jan Hus und

Der Hussenstein im Paradies

seinen Freund Hieronymus von Prag, die auf Beschluß der Konstanzer Konzilsväter am 6. Juli 1415 beziehungsweise am 30. Mai 1416 vor den Toren der Stadt um ihrer religiösen Überzeugung willen den Feuertod erlitten.

Den Hussenstein am »Alten Graben« erreichen wir vom Parkplatz »Döbele« aus an der gleichnamigen Straße und an der Stadtgärtnerei vorbei. Vom Gedenkstein gehen wir durch die »Zum Hussenstein« genannte Straße bis zur Gottlieber Straße, biegen nach links ein und erst unmittelbar vor dem Gottlieber Zoll nach rechts in die Grießeggstraße. Die Martinskapelle entstand 1922 als Nachfolgebau der ersten, 1782 entstandenen Lienhartskapelle. Der Volksmund nennt sie auch Brisago-Kapelle, da das Geld für ihren Bau der Legende nach aus dem während des Ersten Weltkriegs florierenden Zigarrenschmuggel stammte. Der alte Dorfbrunnen stand einst auf der Marktstätte; als er ins Paradies kam, wich Merkur der Lienhart-Statue.

Links führt die romantische, verwinkelte Fischenzstraße zu einer kleinen Idylle: der alten Paradieser Anlegestelle. Weiter geht ein Weg am Seerhein entlang zur Altstadt: vorbei an den Sportplätzen des »Schänzle«, unter der neuen Rheinbrücke hindurch, vorbei an der kaufmännischen Lehranstalt, der Fachhochschule, der Handwerkskammer und anderen Gebäuden bis zur »Laube«, dem früheren Stadtgraben. Weniger imposant die Industrieanlagen auf der anderen Rheinseite, daher verweilt der Blick lieber auf der spiegelnden Wasserfläche, wo sich Wildenten und Schwäne tummeln.

An Schweizer Ufern
Von Bischof Konrad bis zu Napoleon III.

Die Keimzelle des heutigen Kreuzlingen, nunmehr zweitgrößter Ort im Kanton Thurgau und attraktive Einkaufsstadt, reicht zurück bis in die Zeit um 950. Bischof Konrad baute außerhalb der Konstanzer Stadtmauern – beim heutigen Bellevue-Areal – ein Spital, das von Augustinern und für kurze Zeit auch von Nonnen betreut wurde.

Ihnen vermachte er einen Splitter der Kreuzreliquie, die er aus dem Heiligen Land mitgebracht hatte. Daraus, so die Legende, leitet sich der Name Kreuzlingen ab. Heute trennt die deutsch-schweizerische Grenze beide Orte, die dennoch engen Kontakt miteinander pflegen.

Von der Konstanzer Seestraße gehen wir über die alte Rheinbrücke am Inselhotel vorbei zum Konstanzer Hafen, am Ufer entlang, dem Gelände »Klein Venedig«, von dort über die Grenze zur Eissporthalle, die von beiden Nachbarstädten gemeinsam erbaut wurde, und durch den schön angelegten Seeburgpark zur ehemaligen Sommerresidenz der Kreuzlinger Äbte, der sogenannten Seeburg. 1598 erbaut, 1633 niedergebrannt, 1665 wiederaufgebaut und im 19. Jahrhundert umgestaltet, ähnelt sie heute einem Dornröschenschloß.

Von der Seeburg nehmen wir den Weg zur heutigen Stadtpfarrkirche St. Ulrich, die sich auch direkt über den Kreuzlinger Zoll erreichen läßt. Wer ohne Auto hier ist und für einen Spaziergang samt Einkaufsbummel wenig Interesse zeigt, nimmt bis zur

Blick auf Kreuzlingen und Konstanz

Haltestelle »Seminar« den Omnibus Linie 8 der Stadtwerke Konstanz. Dieser trägt im Volksmund aus naheliegenden Gründen noch immer den Namen »Schmugglerbus«. Das schlichte Äußere der Stiftskirche läßt zunächst nicht vermuten, wie prächtig der Innenraum ausgestattet ist. Auch der zweite Eindruck trügt. Denn vor uns tut sich kein historisches Kirchenschiff, sondern eine perfekte Rekonstruktion auf.

Ursprünglich befand sich das von Bischof Konrad gegründete Kloster an der heutigen Hauptstraße nahe dem Zoll. Aus dem Hospiz war im Jahr 1120 ein Chorherrenstift geworden. Im Jahre 1125 wurde es vom Papst mit Privilegien und Schenkungen ausgestattet. Ein Teil des Gebäudes brannte im Jahre 1248 ab. Dank reichlicher Spen-

den erfolgte der Wiederaufbau. Auch der später abgesetzte Papst Johannes XXIII. nahm während des Konstanzer Konzils in dem angesehenen Kloster Aufenthalt. 1499 fiel es erneut in Schutt und Asche, denn es hatte im Schwabenkrieg die Partei der Eidgenossen ergriffen, was wiederum die Konstanzer erboste. Als dann die Kreuzlinger 1633 während des Dreißigjährigen Krieges dem schwedischen Generalmarschall Horn erlaubten, von ihrem Territorium aus die Nachbarstadt anzugreifen, schossen die Konstanzer zurück und machten das 1509 wiederaufgebaute Kloster erneut dem Erdboden gleich. Lediglich die Kreuzpartikel, das lebensgroße Kruzifix und einige Kirchengeräte wurden gerettet. Immerhin: Die Kreuzlinger errichteten ihr Kloster Mitte des 17. Jahrhunderts in sicherer Entfernung zu den Konstanzer Stadtgrenzen an der jetzigen Stelle.

Während des letzten Großbrandes in der Nacht vom 19. auf den 20. Juli 1963, dem sowohl die Kirche als auch das im Klostergebäude untergebrachte Lehrerseminar zum Opfer fielen, wollten die Konstanzer Feuerwehren den Schweizer Nachbarn zu Hilfe kommen, durften den Zoll aber erst nach längeren Querelen überqueren. Mit Hilfe der umfangreichen Fotodokumentation über das Kloster erfolgte in den Jahren 1963–1967 eine originalgetreue Rekonstruktion aller Gebäude. Jetzt zählt St. Ulrich wieder zu den schönsten Sakralbauten der Schweiz. Hervorzuheben sind das dreitorige Chorgitter, das »Gnadenkreuz«, ein lebensgroßes Kruzifix mit echtem Haar aus dem 14. Jahrhundert, sowie der Kalvarien-

Die Kreuzlinger St.-Ulrich-Kirche

berg mit 280 rund 30 cm hohen Figuren. Etwa 40 waren den Flammen zum Opfer gefallen, einige andere zeugen noch von der Feuersbrunst.

Zwischen den beiden großen Grenzübergängen, dem Kreuzlinger und dem Emmishofer Zoll, liegt der Kreuzlinger Bahnhof. Dort besteigen wir den Zug in Richtung Steckborn/Schaffhausen. In Mannenbach verlassen wir den Zug und folgen dem Hinweisschild zum Schloß Arenenberg. Die Mutter des Bonaparte-Sprosses Napoleon III., Königin Hortense (1783–1837), war durch die Heirat ihrer Mutter Josephine Beauharnais Stieftochter Napoleons I. und durch ihre Ehe mit dessen Bruder Louis zugleich Königin der Niederlande. Nach ihrer Verbannung lebte sie zunächst in Konstanz und bezog erst später diesen aus dem 16. Jahrhundert stammenden Landsitz, an den sie 1820 noch eine Schloßkapelle anbauen ließ. 1906 vermachte die Witwe Napoleons III., Kaiserin Eugénie, das Schlößchen dem Kanton Thurgau, der darin ein zauberhaftes Museum einrichtete. Es enthält schöne Sammlungen und Einrichtungsgegenstände aus der Zeit des Empire und Klassizismus sowie Erinnerungsstücke aus der Familie des großen Korsen und seines Neffen.

Wer gut zu Fuß ist, kann am Ufer entlang die rund zwölf Kilometer nach Konstanz zurückgehen. Abwechslung bringen die Ausblicke auf den Seerhein, das gegenüberliegende Wollmatinger Ried, die Städtchen Ermatingen und Gottlieben. Letzteres, ein ehemaliges Fischerdorf, gefällt durch sein Fachwerkensemble um die Drachenburg, Waaghaus und Schloß Gottlieben. Gegen

Mitte des 13. Jahrhunderts als Wasserschloß erbaut, diente es während des Konstanzer Konzils als »Prominenten-Gefängnis« für Johannes Hus, Hieronymus von Prag und den später abgesetzten Papst Johannes XXIII. Ein kleiner Uferweg führt zum sogenannten »Kuhhorn« und über die Tägermoos-Felder, die Konstanzer Gemüsebauern gehören, zurück zur Hauptstraße. Wir passieren den Gottlieber Zoll, gelangen dann ins Paradies und erreichen schließlich wieder die Stadtmitte.

Das Napoleon-Schloß Arenenberg in der Schweiz

An Konstanzer Sonnenufern
Von der Seestraße zur Seeburg

Wer Konstanz als Urlaubsziel wählt, möchte sicherlich auch am Bodensee entlangspazieren. Wie wäre es mit einer gut ein- bis zweistündigen Route von der Altstadt über das Freibad Horn zur Fähre nach Staad?

Die alte Konstanzer Rheinbrücke geht auf das Jahr 1863 zurück, wurde verändert und 1957 den steigenden Verkehrsbedürfnissen angepaßt. Wenn wir von hier aus in Richtung Untersee schauen, entdecken wir die leicht geschwungene sogenannte Mittelbrücke, die Fußgängern und Radfahrern vorbehalten bleibt. Weiter am Horizont verbindet die neue Rheinbrücke von 1980 die beiden Ufer des Seerheins. Unser Blick streift das am nördlichen Flußufer gelegene Rheinstrandbad sowie das ehemalige Offizierskasino daneben, in dem heute die Südwestdeutsche Philharmonie probt; die Konzerte finden meist im Konzil statt. Auch sehen wir am rechten Brückenkopf Reste der ehemaligen Reichsabtei Petershausen. Diese wurde kurz vor 983 vom heiligen Bischof Gebhard gegründet. Kloster und Kirche wurden nach einem Brand im Jahre 1159 durch die Benediktiner wiederaufgebaut. 1548 zündeten Belagerungstruppen Karls V. die Abtei an, die erneut widerstand. Nach der Säkularisation gelangte sie an Baden, das die bedeutende romanische, inzwischen aber verfallene Kirche im Jahre 1836 völlig abreißen und die Trümmer verkaufen ließ. Die weiteren Gebäude – Konvent, Prälatur und Torkel – wurden zunächst als Schloß und nach 1871 als Kaserne genutzt.

Neu hinzu kam damals das sogenannte Mannschaftsgebäude, das demnächst der Polizei als Domizil dienen soll. Seit dem Abzug der französischen Truppen im Jahr 1978 entsteht auf dem Klosterkasernen-Areal ein Behörden- und Kulturzentrum.

Weitaus attraktiver als die noch im Umbruch begriffene »neue Mitte Petershausen« fesseln optisch die Häuser auf der anderen, zur Konstanzer Bucht und zum Obersee hinweisenden Brückenseite. An der Seestraße repräsentierte das Großbürgertum um die Jahrhundertwende; dazu muß man sich vorstellen, daß in dem gesamten Bereich bis Ende des 19. Jahrhunderts noch kaum Häuser standen. Erst 1875 eröffnete in dieser Gegend der »Konstanzer Hof«. Aus dem ehemaligen Bad-Hotel wurde das namhafte Herzsanatorium »Büdingen« – inzwischen geschlossen und abgerissen –, an dessen Stelle ein großer Hotelneubau entsteht. Dieser befindet sich in guter Gesellschaft mit zwei anderen renommierten Gastronomiebetrieben sowie dem Casino. In der Dependance der Spielbank Baden-Baden rollt täglich die Kugel, heißt es bis nach Mitternacht »rien ne va plus«.

Nach einer Reihe von älteren Villen endet die Seestraße am Jachthafen in der Konstanzer Bucht und der bemalten Jugendstilvilla des Druckknopferfinders Prym. Er erbaute sie 1908; heute ist darin das Institut für Kommunikations-Design untergebracht. Im Garten steht ein 1957 von den Kaufleuten der Stadt Konstanz gestifteter Brunnen des Konstanzer Bildhauers Adolf Schmid. Bis zum nächsten Brunnen sind es keine fünf Minuten. In der Mozartstraße – sie verläuft

S. 68/69
Von der Seestraße eröffnet sich ein einzigartiger Blick auf die Konstanzer Bucht, das Inselhotel und das Münster

Die markante Villa Prym an der Seestraße

Die Seestraße mit dem Casino Konstanz

Casino

wegen der ufernahen Häuser ein wenig vom See entfernt – steht rechts an der dem Wasser zugewandten Seite auf Höhe der Einmündung der Straße »Zum Gebhardsbrunnen« der gleichnamige Brunnen. Dieser wurde 1950 vom Konstanzer Bildhauer Hans Stingl geschnitzt und erinnert an eine Legende über Bischof Gebhard und die Maler. Diese hatten geklagt, die teuren, von einem venezianischen Bischof gestifteten Farben seien ausgegangen. Da führte sie Gebhard zu einer Stelle im Wald, hieß sie graben, und als sie zugaben, dort die Farben versteckt zu haben, entsprang eine Quelle.

Wenig später erblicken wir das feudale Altenwohnheim »Rosenau«. Ein Badehäuschen der Vorgänger-Villa blieb erhalten. Etwas weiter, auf dem Gelände der Villa Douglas, das heute den Schmieder-Kliniken gehört, ist ein »Liebestempel« zu entdecken. Auf diesem Grundstück errichten die Schmiederschen Kliniken ein weiteres Rehabilitationszentrum. Nun führt der Seeuferweg auf einem Steg um den Torkel, die Weinkelter, direkt am Wasser entlang und erlaubt einen wunderschönen Blick auf die Silhouette der Stadt Konstanz, auf die Schweizer Bodenseeseite und bei Föhn auf ein eindrucksvolles Alpenpanorama. Linker Hand, nach Norden zu, grüßen die Städtchen Hagnau und Meersburg. Dazwischen, inmitten der Weinberge, steht ein weißes Haus. Die »Haltnau« gehört der Spitalstiftung Konstanz, und wer die Geschichte des Edelfräuleins Wendelgard erfahren will, kehrt von Meersburg aus einmal dort ein.

Wir sind nunmehr am äußersten Ende der Ausläufer des weit in den Obersee hin-

Wassersport in der Konstanzer Bucht vor der Silhouette der Schweizer Alpen und des Münsters

Beliebtes Vergnügen: Schwänefüttern am See

einragenden Bodanrücks angelangt, der hier die Konstanzer Bucht zu der weiten Seefläche hin freigibt. Diese Halbinsel, an deren Spitze sich der Bodensee einmal zum Rhein in Richtung Untersee, zum anderen zum Überlinger See hin teilt, gilt unter Konstanzern als »Hörnle«. Hier geht es zumeist sportlich-vergnüglich zu. Wer also rasten oder sich im Wasser tummeln will, dem seien zwei Bademöglichkeiten empfohlen: Da ist zum einen das Freizeitbad Jakob mit seinem Thermalbecken, das ganzjährig zum Baden einlädt. Die Bohrungen an der nahegelegenen Jakobsquelle waren 1974 erfolgreich verlaufen, und seitdem speist das warme Wasser zwei Becken. Wer es lieber ein wenig frischer mag, bevorzugt das kostenlose Strandbad Horn, im Volksmund »Hörnle« genannt. Zwischen beiden Bädern sehen wir, etwas oberhalb gelegen, das Waldhaus Jakob, dann das markante Gebäude des Nikolai Torkel sowie das Bodenseestadion.

Ein markanter Punkt im Reigen der Herrschaftssitze ist die Villa Seeheim. Der Vater des Dichters Wilhelm von Scholz ließ sie 1890 als Wasserschloß gestalten; erst in den dreißiger Jahren bezog sie der Schriftsteller selbst, der dort 1969 starb. Danach schüttete die Stadt Konstanz das Gelände vor dem Giebelgebäude für den Seeuferweg auf. Auf einem besseren Trampelpfad durch den Wald erreichen wir das gelbgetünchte Wasserwerk von 1905 und verfolgen, nunmehr bereits den Fährbetrieb vor Staad im Blick, den Weg weiter am Ufer entlang.

Wer einen reizvollen Abstecher machen möchte, wendet sich bei nächster Gelegenheit nach links, geht dann rechts über die Lindauer- und Jakobstraße und wieder links bergauf zum Lorettosteig. Diesem Weg folgt man, bis zwei Kapellen auftauchen: eine geschlossene nach dem Vorbild des italienischen Marienheiligtums Loretto und eine hölzerne, nach drei Seiten offene Andachtshalle. Sie entstanden 1638 in Erfüllung eines Gelübdes, das die Konstanzer 1633 bei der Schwedenbelagerung abgelegt hatten. Die gleiche Strecke führt uns zum Ufer zurück.

Mit dem sogenannten Hoerle-Park endet der Weg am Wasser endgültig. Vorbei an meist kleinen Neubauten und den älteren Häusern des Vorortes Staad ist es nicht mehr weit bis zum Fährhafen. Von dort ist mit der Linie 1 der Stadtwerke Konstanz im 15-Minuten-Takt eine Rückkehr in die Stadt

Die Loretto-Kapelle in Staad

Das Freizeitbad Jakob mit der Villa Seeheim des Dichters Wilhelm von Scholz

möglich. Empfehlenswert ist es aber, den Fähreparkplatz zu überqueren und etwas oberhalb am Hang dem Hinweis auf die 1795 gegründete, letzte Konstanzer Brauerei zu folgen. Wer dort ein »Schimmele« bestellt, auf den wartet kein Pferd, sondern eine Spezialität: ein naturtrübes Bier, dem die letzte Filterung fehlt und das aus Haltbarkeitsgründen bevorzugt am Brauereiort ausgeschenkt wird.

Wer noch weiter am Ufer entlangspazieren will, der gelangt – vorbei an Vorgärten und Wiesen – auf einem höhergelegenen Weg bis nach Egg und kann von dort ebenfalls bequem bis zur Insel Mainau, ja sogar bis nach Litzelstetten, Dingelsdorf und Wallhausen wandern. In jedem der Uferorte hält ein Städtischer Bus der Linie 4, der zur Konstanzer Marktstätte zurückfährt.

Naturschutzzentrum Wollmatinger Ried
Ein Dorado für Pflanzen und Vögel

Eine Oase der Ruhe erstreckt sich am Ortseingang von Konstanz zwischen der Bundesstraße und dem Seerhein: das Wollmatinger Ried. Es ist eines der sechs deutschen Naturschutzgebiete mit der Auszeichnung »Europa-Diplom«. Schon seit zwanzig Jahren erfüllt es bei der in fünfjährigem Turnus wiederkehrenden Prüfung die erforderlichen Qualifikationen, und auch die Bundesregierung ist gewillt, dem Ried »gesamtstaatliche repräsentative Bedeutung« zuzuerkennen. Dem größten Naturschutzgebiet Süddeutschlands kommt wegen seiner Tier- und Pflanzenwelt europäische Geltung zu. 277 verschiedene Vogelarten wurden bereits gezählt, und die sogenannten »höheren Pflanzen« – also kleine Algen und Moose – sind mit mindestens 605 Arten vertreten.

Für die ziehenden Wasservögel ist diese Rast- und Überwinterungsstelle lebensnotwendig. Mehr als 40.000 Tiere haben gleichzeitig im Ried Platz, und die rund 150 Singschwäne gelten hierzulande als Rarität, da man sie sonst nur an der Nord- und Ostseeküste antrifft. Nicht so stark bevölkert ist das Gebiet im Sommer, dafür wählen seltene Vogelarten den Platz zum Brüten. Einige Namen, deren Klang Kenner anlockt: Flußseeschwalbe, Kolbenente, Schwarzhalstaucher, Drosselrohrsänger oder Bekassine.

Die Anziehungskraft des Rieds für Tiere besteht in der vielfältigen und reichen Pflanzenwelt, die ihnen als Nahrungsgrundlage dient. Die zahlreichen Schmetterlinge und Libellen zeugen von ausgewogenen biologischen Verhältnissen, für deren Stimmigkeit unter anderem das Vorkommen der sibirischen Schwertlilie, des Sumpfsiegwurzes, der Mehlprimel, von vier verschiedenen Enzianarten sowie von einem Dutzend unterschiedlicher Orchideen spricht.

Um die Tiere nicht durch Menschen aufzuschrecken und die Pflanzenwelt nicht zu zerstören, kann das Wollmatinger Ried nur unter sachkundiger Leitung besucht werden. Zur Auswahl stehen – auch in den Wintermonaten – fünf Kilometer lange und drei Stunden dauernde Exkursionen sowie kleine zweistündige Riedführungen des Naturschutzbundes Deutschlands, der im Auftrag des Regierungspräsidiums Freiburg das Naturschutzgebiet betreut. Unbedingt erforderlich ist festes Schuhwerk; im Sommer sind bei Hochwasser gar Gummistiefel empfehlenswert. Eine umfassende Ausstellung im Naturschutzzentrum zeigt die für dieses Feuchtgebiet typische Tier- und Pflanzenwelt. Sie informiert auch über die Pflegemethoden und den heutigen Stand der Schutzbemühungen.

Im Wollmatinger Ried

Die Mainau
Eine Insel voller Blumen

Wer Bodensee hört, denkt an die Blumeninsel Mainau, auf der Zitronen blühen und Bananen wachsen – freilich im Winter unter Glas, als riesiges Treibhaus über die südlichen Gewächse gebaut. So subtropisch ist das Klima nämlich auch am Bodensee nicht, als daß die empfindlichen Bäume und Pflanzen ungeschützt die kalte Jahreszeit überdauern könnten. Offiziell beginnt die Saison

Der Rosengarten auf der Blumeninsel

im April mit einer Orchideenschau im Tropenhaus, in dem sich Raritäten und Neuheiten ein Stelldichein geben. Die Blütenpracht setzt sich fort mit den Tulpen und Narzissen im Frühling, den Rosen im Sommer und den Dahlien im Herbst. Freunde seltener und alter Bäume kommen ebenfalls auf ihre Kosten, und die Jüngsten erwartet ein kleines Kinderland. Viele gewundene Wege, auch über den höhergelegenen Schwedenturm, verführen zu einem ausgiebigen Spaziergang, zumal zahlreiche Hin-

Die farbenfrohe Mainauer Tulpenstraße

weisschilder den Hobbygärtnern Informationen über die Pflanzen geben. Diverse Pflanzenbücher und ein Insel-Wegweiser machen es unnötig, an dieser Stelle auf Einzelheiten einzugehen – zu vielseitig das Angebot, zu unterschiedlich die Interessen der Gartenfreunde.

Wer Glück hat, trifft vielleicht Graf Lennart Bernadotte im Park, denn trotz seines Alters interessiert er sich noch immer für die Gärten und die Arbeit der Gärtner. Er machte sein 45 Hektar umfassendes Stück Land im Bodensee nicht nur zur Blumeninsel, sondern auch zu einem Ort nationaler und internationaler Aktivitäten. Seine Großaufnahmen von Pflanzen brachten ihm weltweite Anerkennung. Zusammen mit Gräfin Sonja und den fünf Kindern aus zweiter Ehe lebt er in dem Schloß, das der Ordensbaumeister Johann Caspar Bagnato 1739–46 als Residenz für den Landkomptur des Deutschritterordens erbaute. Zuvor gehörte die Insel zum Kloster Reichenau. Nach der Säkularisation fiel die Mainau 1805 an das Großherzogtum Baden, und über Erbfolge gelangte sie schließlich an das schwedische Königshaus. 1932 kam Graf Lennart Bernadotte auf die mit Bäumen und Pflanzen überwucherte Insel und schuf mit Hilfe der Gärtner dieses Blumenparadies im Bodensee.

Wer die Mainau besuchen möchte, erreicht sie von der Stadt aus mit der Buslinie 4 sowie mit dem Auto über die Verbindungsstraße Egg – Litzelstetten. Vom großen Parkplatz aus fährt ein Bähnchen ins Zentrum der Insel, die jedoch auch zu Fuß über eine Brücke zu betreten ist.

Hinauf auf Bergeshöhen
Der romantische Weg zur Marienschlucht

Jeder Kilometer des Bodenseeufers strahlt Charme aus, Individualität und Anmut. Nur ein einziger Landstrich weicht davon ab und zeigt sich in geradezu ursprünglicher Schroffheit. Sie glauben es nicht? Dann begleiten Sie uns auf einem Spaziergang zur Marienschlucht, und Sie werden überrascht sein vom plötzlichen Wechsel zwischen der flachen Seelandschaft und der felsigen Bergwelt.

Wir starten von Wallhausen aus. Aber auch von Bodman führt ein Fußweg am Seeufer entlang zum Einstieg in die Schlucht. Autofahrer folgen, von Konstanz kommend, vor Langenrain rechts dem Hinweis »Golfplatz-Marienschlucht«, stellen ihren Wagen am Kargegg-Parkplatz ab und steuern die Marienschlucht auf dem umgekehrten Weg an.

Wir steigen – beispielsweise im Zentrum der Stadt an der Marktstätte – in die Linie 13 oder 4 der Stadtwerke Konstanz Richtung Dettingen. In der Ortsmitte Wallhausen verlassen wir den Bus, gehen zum Jachthafen, an der Bodenseewerft vorbei, und verlassen den Ort auf dem Weg über ein paar Treppen zum Wald. Immer am See entlang heißt für eine gute Stunde unsere Devise. Allerdings nicht nach einem Regenschauer. Dann nämlich verwandelt sich der Lehmboden in eine Rutschbahn. Wer nicht rasch genug einen Ast zu fassen bekommt, landet im See. Auch mit einem Kinderwagen gerät der Spaziergang gelegentlich eher zu einer Strapaze als zu einer reinen Freude.

Von diesen Einschränkungen abgesehen, lohnt sich der Ausflug, übrigens einer der schönsten am See. Man sieht Meersburg, Uhldingen, die Birnau, Überlingen, Sipplingen und Ludwigshafen malerisch am anderen Ufer liegen. Nach etwa zehn Minuten entdecken wir rechter Hand im Wasser das Seezeichen »22«. Hier befindet sich der berüchtigte »Teufelstisch«, eine rund 44 Meter tiefe Felsformation. Schon so mancher Taucher ließ dort sein Leben – weniger des Teufels wegen als vielmehr aus einer Fehleinschätzung des Sicherheitsrisikos im angeblich harmlosen Bodensee. Die zuvor noch sanften Hügel zur Linken verwandeln sich zusehends in abschüssige, schroffe und felsige Höhen.

Nach etwa einer Dreiviertelstunde erreichen wir den Kiosk der »Marien-Schlucht«. Den Namen erhielt sie aber nicht wegen der Mutter Gottes oder des angeblich abgestürzten Jägertöchterleins, sondern nach Marie Gräfin Waldersdorff. Als diese am 2. September 1897 den Freiherrn Othmar von Bodman heiratete und am 23. September 1897 festlich in Bodman einzog, benannte der spätere Majoratsherr die »Schlucht unter Kargegg« in Marienschlucht um. Durch diese hindurch führt uns jetzt ein steiler Weg auf fast 700 Meter Höhe. Holztreppen erleichtern den Aufstieg, der mitunter so schmal ist, daß wir im Gänsemarsch hintereinander gehen müssen. Zwanzig Minuten später liegt vor uns die Ruine Kargegg, und wenn wir nicht auf dem gleichen Weg zurückkehren wollen, folgen wir den Hinweis-

Die Universität mit Blick auf die Insel Mainau

tafeln auf dem Höhenrücken entlang zum alten Burghof, wo noch heute der Förster wohnt. Auf diese Weise kommen wir zurück nach Wallhausen. Als Alternative bietet sich auch der Umweg in die Bodanrück-Gemeinde Dettingen mit der schönen Barock-Dorfkirche an, von wo aus die Rückfahrt zur Stadtmitte mit den Buslinien 4 und 13 möglich ist.

Ein Ausflug ins Grüne
Schöne Landschaft Bodanrück

Schöne Landschaft Bodensee – diese Charakteristik weist nicht nur auf den See, sondern auch auf die Landschaft hin. Es lohnt sich, einmal vom Ufer weg in den Wald zu gehen: Viele Konstanzer Wege bieten sich für kürzere Spaziergänge oder längere Wanderungen an. Diese Fülle der Möglichkeiten entspricht den zahlreichen Eintragungen in den Wanderkarten; die Markierungen sind jedoch unvollständig. Zum Trost sei gesagt: Der aus Molasse bestehende und bis zu 650 Meter hohe Bodanrück ist ziemlich schmal, und wer sich gen Norden orientiert, findet immer wieder einen Konstanzer Vorort und damit eine Haltestelle der Buslinie Nummer 4, die ihn auf dem Rundkurs wieder zur Stadtmitte zurückbringt.

Wir schlagen eine einfache, optisch sehr reizvolle Rundtour durch das Dingelsdorfer Ried vor, das von Dettingen aus zu erreichen ist. Ein – womöglich mit Absicht? – zerstörtes Abflußrohr ließ eine Drei-Seen-Platte mit durchschnittlich kaum mehr als einem Meter Tiefe entstehen. Vor 1970 erstreckten sich dort Streuwiesen, die minderwertigste Sorte Heu als Lagerstatt für Kuh und Schwein. Auf etwas Orientierungssinn, die Karte in der Hand, und auf die Freundlichkeit der anderen Spaziergänger vertrauend, finden wir sicher unseren Weg.

Die Linie 13 fährt von Konstanz aus kurz vor Dettingen an einem Waldparkplatz vorbei. (Für Autofahrer: fast am Ende der ersten großen Lichtung rechts ab; die ersten Häu-

Dettingen mit der barocken Dorfkirche St. Verena

ser tauchen bereits zwischen den Hügeln auf.) Wir steigen an der ersten Haltestelle aus und gehen auf dem Fußweg zum Ortsschild zurück – rechter Hand liegen die Kleingärten namens »Kabisland« mit ihrer typischen rabenschwarzen Erde. Nach dem Ortsschild folgen wir dem Fußweg, der etwas später zu einem Radweg ausgebaut ist, bis wir linker Hand den gut sichtbaren Parkplatz »Brandberg« erkennen. Der weiter hinten liegende Steinerberg gab dem Rundweg seinen Namen.

Hier unterbreitet eine kleine Schautafel dem Wanderer mehrere Vorschläge für einen Rundweg. Viele Bäume auf unserer Strecke finden sich im Naturschutzbuch. Doch die Hinweistafeln »Naturschutzdenkmal« fanden unter Souvenirjägern reißenden »Absatz«. Heute können nur gutgeschulte Augen erkennen, wo einmal ein Schildchen hing.

Wer innerhalb des Riedes das Waldsterben auch auf dem Bodanrück vermutet, der irrt. Es ist das gestaute Wasser, das die Hölzer faulen läßt. Am Hombergweg geht es nach links, und wir finden rechter Hand eine Rarität: Die »Trauf« – nach außen ragende Äste – schützt den dahinterliegenden jungen Mischwald. (Ein Tip: Wenn die

Verkehrsvereine von Dettingen-Wallhausen und Dingelsdorf Wanderungen mit Forstamtsrat a.D. Manfred Aßfahl anbieten, unbedingt den Termin wahrnehmen und mitwandern oder mitradeln!)

Bald tauchen die beiden, durch einen Damm voneinander getrennten Weiher auf. Wir halten uns vor Augen, daß bis 1970 die gesamte Fläche eine Wiese war, daß die Stadt Konstanz dort gar eine Erdmülldeponie errichten wollte und daß hier noch früher – unmittelbar nach dem Ersten Weltkrieg – Torf gestochen wurde. Als nach dem Zweiten Weltkrieg landauf, landab Holz fehlte, forstete die Verwaltung mit schnellwachsenden Pappeln auf. Diese gedeihen an Ufersäumen, nicht aber im Wasser. Auf der von uns aus gesehen rechten Seite des Dammes lassen sich die Stümpfe im Teich erkennen. Nur wenige Exemplare haben sich in Sichtweite erhalten.

Wer etwas Brot in der Tasche hat, lockt die Tiere herbei. Diese sind längst an den gutgedeckten Tisch gewöhnt, und neben Enten und Karpfen kommen die ungewöhnlichsten »Wilderer« angeschwommen, die im Revier eigentlich nichts zu suchen haben; die Enten transportierten im Federkleid den Laich ihrer Beute dorthin: vom Goldfisch über das Rotauge bis zum Weißfisch.

Am Ende des Dammes eröffnet sich eine größere Rundwegvariante. Doch für den kleinen Spaziergang von rund zwei Kilometern Länge wenden wir uns nach links und erblicken später den dritten Weiher.

Das Dingelsdorfer Ried

Wer etwas Talent zur Spurensuche mitbringt, kann den gut befestigten Weg wei-

tergehen, später den Sängerberg rechts liegenlassen, und dann deuten bereits Autogeräusche auf die nahe Verbindungsstraße Dettingen-Dingelsdorf hin. In Blickrichtung geradeaus ein Hügel, davor – über Feldwege erreichbar – der schilfumsäumte Hagstaffelweiher. Er reicht fast an die Straße Dettingen-Wallhausen heran. Wenn wir uns dort rechts halten, gelangen wir in die Ortsmitte von Wallhausen und von dort aus weiter zur Marienschlucht (siehe den entsprechenden Routenvorschlag).

Wer nicht zum Ausgangspunkt des Rundwegs zurückkehren möchte, wählt hinter dem Damm die Variante 2 zum Litzelstetter Hausberg, dem »Purren«. Zunächst wenden wir uns nach rechts und verlassen den Damm, dann erreichen wir eine Gabelung, gehen hier links weiter und bis zum Purren immer geradeaus. Wer den Ausflug allerdings an der ersten der beiden Kreuzun-

Oberdorf mit der Nikolaus-Kapelle des Mainau-Baumeisters Bagnato

gen beenden will, wendet sich jetzt nach links und kann in Oberdorf den Bus besteigen. Wer aber noch Atem hat, hält bis zum Purren durch und erholt sich hinter dem Wasserreservoir an einem beliebten, allerdings unbewirtschafteten Grillplatz. Von hier aus führt eine befestigte Straße linker Hand in den Ortskern von Litzelstetten und direkt zur Bushaltestelle der Linie 4.

Unermüdliche nehmen hinter dem Grillplatz die rechte Abzweigung, bleiben dann links auf dem befestigten Weg – lassen den Erlenwald rechts liegen – und halten sich von jetzt an immer links. Nach kurzer Zeit stehen Sie am Mühlenweiher, und im Sommer darf man staunen: ein ganzer Teich voller Seerosen.

Der Bodanrück mit Blick auf die Wallfahrtskirche Birnau

Konstanzer Notizen
Fräulein Wendelgard, Der rote Arnold und anderes

Liebesdienst für Fräulein Wendelgard
Das Freifräulein Wendelgard, so besagt die Legende, wollte nicht länger alleine sonntags zur Kirche und später durch Meersburg fahren. Wer ihr, dem häßlichen Freifräulein mit »Rüsselein« – heute würde man diesen Geburtsfehler wohl als »Hasenscharte« bezeichnen –, den Liebesdienst einer männlichen Begleitung erweise, der solle ihre riesigen Güter erben. Indessen fand sich für diese spezielle Aufgabe kein Meersburger. Das Freifräulein schickte deshalb ein Boot gen Konstanz. Der dortige Rat wollte zwar auch nichts von dieser Dame wissen, wohl aber von ihrem Besitz. Also einigten sich die Herren, daß jeden Sonntag ein anderer zum Dienst nach Meersburg zu fahren habe. Ein Entschluß, an dem noch die Söhne zu tragen hatten, denn Wendelgard starb der Sage nach erst neunzigjährig. Aber sie hielt den treuen Konstanzern Wort und vermachte der Stadt ihren Besitz. Aus diesem Grund verfügt Konstanz noch heute über Weinberge in Meersburg, und einmal im Jahr kommen die Ratsherren zu einer Sitzung auf die Haltnau, um immer wieder neu symbolisch davon Besitz zu ergreifen.

Strenge Sitten
Alte Verordnungen bergen manch Kurioses, aber auch Makabres – in Konstanz wie anderswo. Aus dem Jahr 1312 blieb eine Verordnung erhalten, die besagt, daß der Henker im Akkord bezahlt wurde. Unabhängig davon, welche Todesart gewählt wurde,

verdiente der Scharfrichter pro Hinrichtung ein Pfund. Ein Sondertarif bestand für Foltermethoden: So kam das Augenausstechen doppelt so teuer wie das Ohrenabschneiden.

Von Emanzipation war 1388 noch nicht die Rede: Damals durften die Buben sogar bei Dunkelheit im See baden, die Mädchen jedoch überhaupt nie.

In jene Zeit fallen auch die strengen Sitten für einen Bürgermeister. Wenn er die Ehre des Amtes verschmähte, mußte er 100 Pfund Strafe bezahlen und ein Jahr lang ins Exil gehen.

Und noch im Jahre 1417 – zur Zeit des ansonsten so bunten Lebens während des Konstanzer Konzils – mußte eine Frau auch im Hochsommer mit Strafe rechnen, wenn sie bloße Arme bis zum Ellenbogen zeigte.

Der rote Arnold
Wenn eine Konstanzerin zu anderen sagt: »Ich nehme den roten Arnold«, plant sie keinen Gang zum Standesamt, sondern eine Fahrt mit dem städtischen Bus. Er steht in der Konzilsstadt hoch im Kurs, nicht zuletzt wegen preiswerter Umwelttickets und gutem Fahrplan. Seinen Namen gab ihm Fritz Arnold, in den zwanziger Jahren Bürgermeister und Begründer der Buslinien sowie der »schwimmenden Brücke«, der Fähre Konstanz – Meersburg. Als politisch unbelasteter »roter« SPD-Mann und integre Persönlichkeit gelangte er nach dem Krieg in der Übergangsphase auf den Oberbürgermeisterstuhl.

Die Patronentasche
Das Konzilsgebäude feierte im März 1988 sein 600jähriges Bestehen. Viel jünger ist der Gastronomie-Anbau, im Volksmund »Patronentasche« genannt. Und wer einmal davorsteht, kann den Gedankengang nachvollziehen: Dem Konzil-»Bauch« quasi vorgebunden, weckt die Zutat den Eindruck einer umgeschnürten Patronentasche.

Die fünfte Jahreszeit
Alle Jahreszeiten am Bodensee haben ihren eigenen Reiz, doch die fünfte ihren speziellen. Sie beginnt mit lautstarkem Wecken am »Schmotzige Dunschtig«, dem Donnerstag vor Aschermittwoch. Der Karneval mit Funkenmariechen und Cowboy ist bei der alemannischen Fasnacht mit ihren Masken und Tierkostümen verpönt, aber gemeinsam ist jeder Art der Narretei: das traurige Ende am Aschermittwoch mit Herings- und Schneckenessen. Zuvor wurde die Fasnacht verbrannt, die Masken vertrieben und der Geldbeutel gewaschen, damit versehentlich kein Pfennig übrigbleibt. Die Schweizer müssen mit ihren Fränkli länger auskommen; denn dort endet das närrische Treiben zwei Wochen später. Die Eidgenossen hatten es im Mittelalter dank ihrer Finanzkraft geschafft, den Papst zu überzeugen, die Fastenzeit zu verkürzen.

Inhalt

- 6 Herzlich willkommen in Konstanz
  Von Oberbürgermeister Dr. Horst Eickmeyer
- 8 »Grüß Gott!«
- 10 Es waren einmal Noahs Enkel…
- 24 Erster Rundgang Altstadt
  An der Wiege der Konzilsstadt
- 47 Zweiter Rundgang Altstadt
  Wo der Handel blühte und noch blüht
- 60 Dritter Rundgang Altstadt
  Einmal ins Paradies
- 62 An Schweizer Ufern
  Von Bischof Konrad bis zu Napoleon III.
- 69 An Konstanzer Sonnenufern
  Von der Seestraße zur Seeburg
- 78 Naturschutzzentrum Wollmatinger Ried
  Ein Dorado für Pflanzen und Vögel
- 80 Die Mainau
  Eine Insel voller Blumen
- 83 Hinauf auf Bergeshöhen
  Der romantische Weg zur Marienschlucht
- 86 Ein Ausflug ins Grüne
  Schöne Landschaft Bodanrück
- 92 Konstanzer Notizen
  Fräulein Wendelgard, Der rote Arnold und anderes

Informationen aus erster Hand erhalten Sie

INSEL MAINAU:
 7750 Insel Mainau, Telefon 0 75 31 - 30 30

INSEL REICHENAU:
 Verkehrsverein, Ergat 5,
 7753 Insel Reichenau, Telefon 0 75 34 / 276

KONSTANZ:
 Tourist-Information, Bahnhofplatz,
 7750 Konstanz, Telefon 0 75 31 / 284-376

KREUZLINGEN:
 Verkehrsverein Kreuzlingen, Hauptstraße 1 A,
 CH-8280 Kreuzlingen, Telefon 00 41 - 72 - 72 38 40

MEERSBURG:
 Kur- und Verkehrsverwaltung, Schloßplatz,
 7758 Meersburg, Telefon 0 75 32 - 8 23 82

NAPOLEONSCHLOSS ARENENBERG:
 Telefon 00 41 - 72 - 64 18 66
 Öffnungszeiten außer Montag:
 10 – 12 Uhr; April – Oktober: 13.30 – 16 Uhr;
 November – April: 13.30 – 17 Uhr)

NATURSCHUTZZENTRUM
 Wollmatinger Ried, Bahnhof Reichenau, Telefon 0 75 31 - 7 88 70
 Öffnungszeiten:
 1. April bis 31. Oktober:
 Montag bis Freitag: 9 – 12, 14 – 17 Uhr; Samstag u. Sonntag: 10 – 17 Uhr
 1. November bis 31. März:
 Montag bis Freitag: 9 – 12, 14 – 17 Uhr; Samstag u. Sonntag: nach Vereinbarung

---

Texte: Jutta Cappel-Schad, Konstanz-Dettingen
Fotos: Heinz Finke, Konstanz, außer auf den Seiten 58, 79 (Hofmann);
Seite 71 unten (Casino).
Einbandgestaltung, Bildauswahl, Layout,
Konstanz-Vogelschaukarte: Erich Hofmann, Konstanz
Satz: Jacob Druck GmbH, Konstanz
Reproduktionen: Gerhard Magerl, Konstanz

CIP-Titelaufnahme der Deutschen Bibliothek:
Konstanz: Spaziergänge durch e. historische Stadt und ihre Umgebung /
Jutta Cappel-Schad; Heinz Finke. – 1. Aufl. – Konstanz: Bahn 1991
 ISBN 3-7621-8005-9
NE: Cappel-Schad, Jutta; Finke, Heinz (Ill.)

© 1991 by Friedrich Bahn Verlag GmbH, Konstanz
Gesamtherstellung: Jacob Druck GmbH, Konstanz
ISBN 3-7621-8005-9 · Printed in Germany

In der gleichen Ausführung sind folgende
Titel erschienen:

Meersburg
Spaziergang durch eine tausendjährige
Stadt
von Jutta Cappel-Schad und Erich Hofmann
ISBN 3-7621-8001-6

Schwäbisch Hall
Die alte Reichsstadt in Hohenlohe
von Volker Hartmann
ISBN 3-7621-8004-0

Tübingen
Die junge alte Universitätsstadt
von Wolfgang Schütz, Heinrich Lang und
Walter Springer.
Herausgegeben von Herbert Hartmann
ISBN 3-7621-8002-4

In Vorbereitung sind:

Lindau (Bodensee)

Reichenau (Bodensee)

Friedrich Bahn Verlag Konstanz